楽しく演じる落語
教室でちょいと一席

桂 文我

絵●中沢正人

いかだ社

まえがき

最近、各方面の方から「落語の面白さって、何でしょう？」と聞かれることが多くなりました。

その度に、「真面目な行動が程よくズレることを笑ったり、『世の中には、そのようなことがある！』と納得したり。そのような様子を、節穴から覗いているような感じで楽しむ〝疑似体験の美味しさ〟のように思います」と答えています。

無論、もっと細かく、異なった角度から〝落語の面白さ〟を語ることも出来るでしょうが、テクニックや構成、演出という面から語るより、メンタルな部分から述べるほうが良いように思います。

また、〝落語の笑い〟だけを採り上げても、様々な角度から語ることが出来ましょう。

奇抜な言葉のギャグを駆使するという〝知的な技〟によって、無邪気に笑わせるネタもあれば、腹の底で納得させる台詞によって心を攻めるという〝情的な術〟を操り、クスッと笑わせるような噺もあるだけに、〝落語の笑い〟ということをテーマにするだけでも興味深く掘り下げることが可能です。

落語の原話が纏められてから約四百年、そして、落語家のパイオニアが現れてから約三百四十年もの間、日本という国で脈々と楽しまれ続けてきた「落語」という芸能には、人の心に染み入るだけの〝知のパワー〟と〝情の厚み〟が存在していることは否めません。

しかし、このような解釈は〝大人の理屈〟であり、子どもにとっては「何だかわからないけど、面白いものがいい！」ということになり、簡単なギャグで大人以上に大笑いを楽しみ、怪談めいたネタでは幽霊の登場をブルブル震えながら、待っているのです。

つまり、最初に述べたような〝疑似体験の美味しさ〟を、子どもは理屈抜きにして大人以上に感じ取っているとも言えましょう。

十五年ほど前から取り組んできました「おやこ寄席」の活動でハッキリとわかったことは、「集中出来る場を提供すれば、子どもは大人以上の期待と反応をもって落語

まえがき

に接してくれる」ということで、おそらく、それは昔も今も、大袈裟に言えば〝未来永劫〟変わりが無いように思います。

歴史も理屈も、何の予備知識も無しに〝落語の世界〟に一瞬にして飛び込む子どもの姿を見ていると、「以前に比べて、子どもが変わってしまった」とは思えず、「大人が変わってしまった責任を、子どもに転嫁させているだけではないか?」とまで思えてしまうのです。

私は教育者ではありませんから、子どもの教育については偉そうに言えませんが、子どもが落語を聞いて笑ったり、真剣な眼差しで高座に集中してくれる姿を見ていると、「子どもの心は、いつの時代も変わらないのでは」とも思ってしまいます。

子どもの学力を高めることも大切ですが、落語のように「一点に集中して、想像(創造)の世界を広げる」という芸能を良い環境で触れさせて、心を豊かにすることも肝心なのではないでしょうか?

それだけに、本書が生で落語に接する前の「落語入門」のキッカケになってくれることを望みますし、本当にそうなれば、とても嬉しいことです。

梅「ご隠居《いんきょ》さん。誰《だれ》かにご馳走《ちそう》をしてもらうのは、どうすればいいですか？」

隠「それなら年を若く言うのが一番だな。『あなたは、いくつですか？』と聞いて『五十』という返事なら、『お若い！　四十七に見えます』と言うんだ。三つも若く言われると嬉《うれ》しくなるから、『ご馳走しよう！』という気持ちになるぞ」

梅「五十が四十七ですか。じゃあ、六十の人なら？」

隠「五十七だ」

梅「七十は？」

隠「六十七だな」

梅「いっそのこと、百は?」

隠「百になるお爺《じい》さんはそんなに居《い》ないけど、九十七と言っておきなさい」

梅「じゃあ、一万は?」

隠「一万の人なんて居ないよ」

梅「でも、居たら面白《おもしろ》いでしょうね。『お爺さん、いくつ?』『わしは一万じゃ』『お若い! 九千九百九十七に見えますよ』って」

隠「バカなことを言うんじゃないよ」

梅「じゃあ、子どもに『いくつだ?』と聞いて『十《とお》』と返事をしたら、『お若い! 七つぐらいに見えますよ』って言うんですね」

隠「そうじゃない。子どもは反対に、上に言うんだ。子どもが『十』と言えば、『大きいですね。十三くらいに見えますよ』と言うと、子どもを誉《ほ》めても

らったと思って、親が喜んでご馳走してくれるから」

梅「子どもは上ですか。じゃあ、ここに赤《あか》ん坊《ぼう》が寝《ね》てたら『この赤ん坊は、いくつ？』『二つです』『大きいですね。五つくらいに見えますよ』となりますね」

隠「バカだね。一つくらいの赤ん坊を『五つ』と言っても、誰も信じないよ。赤ん坊は顔を誉めなさい。『鼻が高いのは、お父さんにソックリ。口が可《か》愛《わい》いのは、お母さんにソックリ。おでこが広いのは、亡《な》くなったお爺さんにソックリだ』とね。これだけ言えば、赤ん坊の親が喜んでご馳走してくれるぞ」

梅「どこかでやってみます。さよならッ……。そうだ、竹《たけ》さんの家に赤ん坊が生まれたそうだ。竹さんの家でご馳走になろう……。竹さん、赤ん坊が生まれたんだって？」

竹「そうなんだ。梅《うめ》さんも見てやってくれよ。そこの襖《ふすま》を開けると、奥《おく》の座敷《ざしき》

　に寝てるから」
梅「じゃあ、襖を開けるよ。ヨイショッと……。
　竹さん、大きな赤ん坊だね」
竹「そうだろう。みんなもビックリしてるんだ
　よ」
梅「でも、大き過ぎだね。シワだらけで、白髪《しらが》
　頭《あたま》で、歯がガチガチと音を立てて」
竹「それはお爺さんだよ。赤ん坊とお爺さんを
　間違《まちが》える奴《やつ》があるかい」
梅「やっぱり、そうだろうね。赤ん坊にしては
　大き過ぎると思ったよ……。あァ、これ
　が赤ん坊だ。真っ赤な顔をしてるね。さ
　っき茹《ゆ》でたの？」

竹「茹でないよ。赤い顔だから『赤ん坊』と言うんだ」
梅「じゃあ、桜色《さくらいろ》なら『桜ん坊』だ……。竹さん、赤ん坊を誉めるからご馳走をしてくれないか?」
竹「上手《うま》く誉めてくれれば、嬉《うれ》しいからご馳走をしてあげるよ」
梅「じゃあ、言うよ……。鼻が高いのは……。鼻はペチャンとしているぞ。口が可愛いのは……。大きな口だな。うゥ――ん、誉められません!」
竹「ダメだよ。しっかり誉めてくれなきゃ」
梅「わかったよ……。おでこが広いのは、亡くなったお爺さんにソックリだ」
竹「オイオイ。お爺さんなら、そこで寝てるよ!」

梅「ごめん、ごめん。お爺さん、怒《おこ》らないでよ……。この赤ん坊は人形のようだ」

竹「初めて嬉しいことを言ったね。人形のように可愛いだろう」

梅「お腹《なか》を押《お》さえると『キュッキュッ』って言うから」

竹「よしなよ。もう、こっちへおいで！」

梅「怒らないでよ。あァ、そうだ。年を聞くのを忘れていたぞ……。この赤ん坊は、いくつ？」

竹「おい、誰の年を聞いてるんだよ」

梅「この赤ん坊」

竹「バカだね。生まれてすぐだよ」

梅「生まれてすぐか……。若く見えるね」

竹「いい加減《かげん》にしろよ。生まれてすぐより若いって、どう見えるんだ？」

梅「まだ生まれていないように見えるよ」

ある町に少しもお酒が飲めない、お酒の匂《にお》いをかいだだけで酔《よ》っ払《ぱら》うという男がいました。

ある日のこと、ご近所から板のようになった「酒カス」を二枚もらったのです。

「酒カス」はお酒をしぼったカスだけに、アルコールは殆《ほとん》ど残っていませんから「酔っ払うことはないだろう」と、火で炙《あぶ》ってお砂糖《さとう》をかけてペロッと二枚食べたところ、「酒カス」の匂いと味だけでベロベロに酔っ払ってしまいました。

○「ヒック、大変《たいへん》だ。ウィ――ッ、酒カスを食べて酔っぱらったぞ……。けど、これは面白《おもしろ》いぞ。みんなはおいらが『酒が飲めない』と思っているから、みんなに『酒を飲んで、酔っぱらった』と言ってビックリさせてやろう。おッ、向こうから松吉《まつきち》が来たぞ。ヒック、松吉ィ！」

松「何か用かい？」

○「おいらの顔を見てくれ」

松「いつ見ても面白い顔だな」

○「そうじゃなくて、顔色を見てくれ」

松「顔色？　あァ、赤い顔をしてるな。熱でもあるのか？」

○「病気じゃないんだ。酒を飲んで酔っぱらったんだよ」
松「酔っぱらってる？　お前は酒が飲めなかったんじゃないのか？」
○「へへへヘッ。ところが、今日はたくさん飲んだ」
松「ずいぶん飲んだようだな。どのくらい飲んだんだ？」
○「ビックリするな。こんなに大きいのが二枚だ！」
松「何だって？」
○「こんなに大きいのが二枚！」
松「お前、酒カスを食べたな？」
○「いや、酒を飲んだ」
松「嘘《うそ》だよ。酒を飲んで『二枚』なんて、おかしいぜ。あァ、わかった。酒カスを食べて酔っぱらったから、みんなに『酒に酔った』と自慢《じまん》がしたいんだろう？」

○「あッ、わかったの？」

松「わかるよ。みんなをビックリさせたいのなら、こう言いな。『こんな大きなドンブリで、グゥ――ッと二杯』とね。そう言えば、みんなはビックリするぞ」

○「なるほど。いいことを教えてくれて、ありがとう。さよならッ……。よしッ、教わった通りに言ってみよう。おッ、向こうから竹さんが来たぞ。竹さァ――ん！」

竹「どうした、大きな声で」

○「見てよ。赤い顔をしてるだろう」

竹「どこかへ、ぶつけたのか？」

○「そうじゃないよ。酒を飲んで酔っぱらったんだ」

竹「お前が？　知らなかったよ、酒が飲めたんだな。それで、どのくらい飲んだんだ？」

○「よく聞いてくれました。こんな大きなドンブリで、グゥ――ッと二杯だ！」
竹「すごいな。酒のつまみは何だ？」
○「つまみは……。お砂糖をかけて」
竹「お砂糖をかけた？　お前、酒カスを食べたな？」
○「いや、酒を飲んだ」
竹「ごまかしてもダメだよ。お砂糖をかけて酒を飲む人なんかは居《い》ないぞ。わかった、わかった。酒カスを食べて酔っぱらったから、みんなに『酒に酔っぱらった』と自慢がしたいんだろう。よし、教えてやろう。みんなをビックリさせたいのなら、こう言いな。『つまみは、タイのさしみ！』とね」
○「これも、いいことを教えてもらった。ありがとう、さよならッ……。友だちは、みんな親切《しんせつ》だな。あれッ、酔っぱらってたのがさめてきたみたいだ。酒カスだけにさめるのが早いな。早く誰《だれ》かに言わなきゃダメだ。お

ッ、こんどは梅《うめ》さんが来たよ。梅さん、

梅さァ――ん！」

梅「よォ、久《ひさ》し振《ぶ》り。元気だったか？」

○「そんなことは、どうでもいいんだ。顔を見てよ、赤い顔をしてるだろう。でも、熱があったり、どこかへぶつけたんじゃないんだ。酒を飲んだんだぞ」

梅「それで赤い顔をしているのか。たくさん飲んだんだな？」

○「こんな大きなドンブリで、グ――ッと二杯だ！」

梅「こりゃ驚《おどろ》いた。つまみは何だ？」

○「うわッ、予定通りに聞いてくれたよ。つまみは『タイのさしみ』だ」

梅「上等《じょうとう》のつまみで飲んだな。で、酒は熱くして飲んだか、冷たくしてか？」

○「よく焼いたんだ」

○「町外《はず》れの屋敷《やしき》の井戸《いど》から、毎晩、幽霊《ゆうれい》が出るそうだぜ」

□「それは、本当？」

○「隣りのお爺《じい》さんに聞いたんだ。昔から毎晩出てるけど、祟《たた》りがあるから見に行かないんだって」

□「じゃあ、今から見に行こうぜ」

○「ダメダメ。井戸から出る〝お菊《きく》〟という幽霊は、皿の数を数えるらしいぜ。一枚から九枚まで数えるけど、九枚の声を聞くと身体《からだ》が震《ふる》えて死んじゃうんだって」

□「九枚を聞くと死ぬのか？　じゃあ、七枚まで聞いて、逃《に》げて帰ったらどうなるの？」

○「七枚で逃げて帰る？　あァ、そうか。七枚で逃げれば、死ぬことはないな」

△「でも、大丈夫かな？　七枚で逃げようとしたら、それを幽霊が知ってて、『五枚、六枚、七枚八枚九枚！』って、速《はや》く数えたら死んじゃうぜ」

○「そんなバカなことはないよ。じゃあ、今から見に行こう」

夜になると男達が提灯《ちょうちん》を手に持って、町外れの屋敷へ向かいました。

夜空には細い三日月がクッキリと出て、周《まわ》りは竹藪《やぶ》、田んぼ、畑。

どこかで「ワオォ――――ン」と野良犬《のらいぬ》が吠《ほ》えましたから、みんなは身体がブル

ブルッ……。

町外れの屋敷に着くと、みんなは井戸の周りを取り囲んで、お菊の幽霊が出てくるのを今か今かと待っていました。

暫《しばら》くすると、井戸の中から青白い火の玉が、フワァ――リ、フワァ――リ。

お菊の幽霊が、井戸の中からスウゥ――ッ！
○「出た、出た！」
菊「一枚、二枚」
○「皿の数を数え出したぞ」
菊「三枚、四枚」
○「みんな、あと三枚で逃げるんだ。途中《とちゅう》で

転《ころ》ぶなよ」

菊「五枚、六枚、七枚」

○「そォ――れ、逃げろォ――ッ……。みんな、大丈夫《だいじょうぶ》かい？　よかった、よかった。でも、お菊さんは美人だったね」

□「よし、明日の夜も見に行こうぜ」

それから、毎晩、お菊の幽霊を見に行く人が増えましたから、屋敷の表にはいろんなお店が並ぶようになりました。

お菊饅頭《まんじゅう》、お菊煎餅《せんべい》、お菊最中《もなか》、中には〝お菊政宗《まさむね》〟というお酒まで売っています。

今夜も、井戸の中から火の玉がフワァ――リ。

お菊の幽霊がスゥ――ッと出ると、井戸の周りに集まった人達は拍手喝采《はくしゅかっさい》。

□「待ってましたァ——ッ！　お菊さん、日本一ィ——ッ！」
菊「皆さん、いらっしゃいませ」

最近は、お菊さんも挨拶《あいさつ》をするようになりました。

菊「一枚、二枚」
□「おやッ、お菊さん。今夜は声がかすれてますね？」
菊「すみません、風邪《かぜ》を引いたんです……。三枚、四枚、五枚、六枚、七枚」
□「そォ——れ、逃げろォ——ッ！　おい、早く前に行ってくれよ」
☆「後ろから押さないで。大勢《おおぜい》の人が居《い》て、なかなか前に進まないんだから」
□「でも、もうすぐ九枚がくるんだよ」
菊「八枚、九枚」
□「きゃあ、九枚だ！」

菊「十枚、十一枚、十二枚」

□「十二枚？　お菊さんが十二枚まで数えてるぜ。もう一度、井戸の周りに戻ろうよ」

菊「十三枚、十四枚、十五枚、十六枚、十七枚、十八枚。これで、おしまい！」

□「おしまい？　ダジャレを言ってるよ。おい、お菊！　いつもは九枚で終わりなのに、どうして今日は十八枚まで数えたんだよ。しっかりしろォ――――ッ！」

菊「お前さんは黙《だま》っておいで。今晩《こんばん》は、わざと十八枚まで数えたの！」

□「どうして？」

菊「さっき、風邪を引いたと言ったでしょ？　二日分数えて、明日の夜はお休みするのよ！」

昔、医者になるには先生の家へ住み込《こ》んで、色々なことを習ったそうで……。

医「梅助《うめすけ》は居《い》ませんかな。コレ、梅助！　勉強せずに、居眠《いねむ》りをしておったな」

梅「いいえ、居眠りはしておりません。グッスリ寝《ね》ておりました」

医「尚《なお》、いかんではないか。しっかり医者になる勉強をしなさい。今日は勉強のために、私の代わりに病人のお見舞《みま》いに行かせます。それは隣《とな》り町の伊勢屋《いせや》のお嬢《じょう》さんだ」

梅「えッ、美人のお嬢さんのお見舞いに行くのですか？　バンザァ――イ！」

医「喜んでおらずに、しっかりお見舞いをしなさい。まずは伊勢屋へ行って、『今日は先生がご用なので、私が代わりにお見舞いに参《まい》りました』と言うと、番頭《ばんとう》さんが『ご苦労様《くろうさま》でございます』と仰《おっしゃ》って、玄関《げんかん》からお座敷《ざしき》へ通してくださる」

梅「はいはい」

医「お座布団《ざぶとん》が出るから、それにズバリと座《すわ》りなさい。次にお茶が出たら、ゆっくりいただいて、その次にお茶菓子《ちゃがし》の羊羹《ようかん》が出る」

梅「羊羹！　それをムシャムシャといただいて」

医「行儀《ぎょうぎ》の悪いことをしてはいかん。羊羹を出されても手は出さず、『羊羹は、いつも食べてます』という顔をしなさい」

梅「それは出来ません。いつも食べていませんから……。食べたいよォ！」

医「泣くのではない。そこで食べなくても、番頭さんが紙に包《つつ》んで『お土産《みやげ》に』と持たせてくださるから、持って帰ってからいただきなさい」

梅「わかりました。お茶をいただいて、羊羹をもらって、どうしましょう？」

医「お嬢さんの寝ておられるお座敷に通されたら、まず、お嬢さんの手の脈《みゃく》を取って、次に口を開けて舌《した》を診《み》て、それからお腹《なか》を診るが、お腹は触《さわ》るだけで押《お》してはいかんぞ」

梅「どうして？」

医「私がお腹を押したところ、プッとオナラが出たのじゃ」

梅「あの美しいお嬢さんでも、オナラをなさるのですか？」

医「オナラをしない人は居《い》ない。お嬢さんが赤い顔をなさったから、私が番頭さんに『近頃《ちかごろ》は耳が遠くなりましたので、ご用は大きなお声でお願いします』と言うと、お嬢さんがホッとなさったぞ」

梅「オナラの音が、先生に聞こえなかったと思ったんですね」

医「その通り。決してお腹を押してはいかん。それでは行ってきなさい」
梅「行って参ります……。美しいお嬢さんのお見舞いに行って、羊羹のお土産までもらえるなんて嬉しいいね。あァ、このお家だ……。えェ、こんにちは。今日は先生がご用なので、私が代わりにお見舞いに参りました」
番「ご苦労様《くろうさま》でございます。どうぞ、こちらへお通りくださいませ」
梅「番頭さん、ありがとう。玄関からお座敷へ通って……。では、お座布団へズバリと座《すわ》りますよ……。お茶は、まだ出ませんか?」
番「すみません。早くお茶を持ってきなさい……。どうぞ、粗茶《そちゃ》でございます」
梅「あァ、粗茶ですか。私は粗茶が大好きです。それでは、いただきます。ズ

ズゥ——ッ。（お茶を飲む）　日本一の粗茶ですね……。お茶菓子はお休みですか？」

番「遅《おそ》くなりました。どうぞ、お召し上がりを」

梅「うわッ、美味《おい》しそうな羊羹……。この羊羹をムシャムシャと食べると『行儀《ぎょうぎ》が悪い』と思われますから、いつも食べているという、私は顔をします！」

番「恐《おそ》れ入ります。それではお土産に致しますので、紙に包ませていただきましょう」

梅「紙は持ってますから、自分で包みましょう。（羊羹を紙で包んで）色々とお世話《せわ》になりましたね。それでは、さようならッ！」

番「お待ちください。お嬢さんのお見舞いは？」

梅「忘《わす》れてました……。お嬢さん、こんにちは。脈を取りますから、お布団に

手を入れますよ……。あァ、細い手ですね。それに毛ムクジャラで」

番「先生、それは猫《ねこ》です」

梅「ビックリした！　猫がお布団から飛び出しましたよ……。お嬢さん、口を開いて舌を出してください。もう出ませんか？　それでは出した舌で、鼻の頭を舐《な》めましょう……。舐められませんか？　さっきの猫は舐めてましたよ。いえ、無理に舐めなくても、ちゃんと舐められるようになる薬をお出ししますから……。今度はお腹を触って」

嬢「（オナラの音）プゥ！」

梅「あッ、オナラが出ちゃったよ……。私、近頃は耳が遠くなりましたので、ご用は大きなお声でお願いします」

番「先生もそのように仰いましたが、あなた様もですか？」

梅「はい。耳が遠くて、今のオナラは聞こえませんでした」

暑い夏の日、大きなお店の若旦那《わかだんな》が病気になって、だんだん痩《や》せてしまいました。

番「若旦那。どうして、こんなに重い病気になったんですか？」

若「欲《ほ》しくてたまらない物があるんだけど、とても手に入らないから病気になったんだよ」

番「それは何か言ってごらんなさいな。手に入るかも知れませんから」

若「じゃあ、言うけど……。実は、みかんが食べたいんだ」

番「みかん？　若旦那、何を言ってるんですか。みかんなら、すぐに買ってあげますよ」

若「手に入るのかい？」

番「当たり前じゃないですか。すぐにみかんを買ってきますから、待っててくださいな……。旦那、若旦那のご病気は治《なお》りますよ」

旦「本当かい？」

番「みかんが食べたくて病気になったそうですから、みかんを食べさせてあげれば大丈夫です」

旦「倅《せがれ》に『みかんを買ってくる』と言ったのかい？　今日は、いつだと思っているんだ！」

番「七月の二十日です」

旦「こんな暑い日に、冬に食べるみかんがどこにあるんだ。『買ってくる』と言った後で『ありませんでした』と言えば、ガッカリして死んでしまう

ぞ。そうなれば『伜を殺したのは番頭です』と、お奉行様《ぶぎょうさま》に訴《うった》える。お前は磔《はりつけ》になるぞ」

番「イヤですよ、えェ――ン！」

旦「泣いたってダメだ。どこかにみかんがあるかも知れないから、今から探しに行ってきなさい」

番「わかりました……。あァ、外は暑いね。あそこの八百屋《やおや》さんで聞いてみよう。八百屋さん、みかんはありませんか？」

八「みかんって、何？　寒い冬に食べるみかんかい？　暑い夏にみかんはないよ」

番「さよならッ……。この店へ入ろう。こちらにみかんはありませんか？」

鳥「みかん？　冬に食べるみかんかい？　それなら八百屋へ行きなさい。ここは鳥屋だよ」

番「みかんを産《う》むような鳥は居ませんか？　えェ――ン！」

鳥「泣いてるぞ。どうしてもみかんが欲しいのなら、みかんの問屋《とんや》へ行けば一つくらいは残ってるかも知れないよ」

番「みかんの問屋？　そうだ、急いで行ってきます……。こちらにみかんはありませんか？　うちの若旦那がみかんが食べたいという病気になって、食べなければ死んでしまいます。助けてください、えェ――ン！」

み「それは大変《たいへん》ですね。待ってください、蔵《くら》の中を見てきますから……。この暑さでみんな腐《くさ》ったと思いましたが、美味《おい》しそうなみかんが一つだけ見つかりましたよ」

番「売ってください！」

み「あなたの話を聞けば、若旦那は『みかんが食べたいという病気』だそうですね。それならお金はいりませんから、持って帰って食べさせてあげなさい」

番「大切なみかんをタダではいただけません。お金は払《はら》いますから言ってくださいな」

み「お金はいいですよ……。そんなに意地《いじ》を張《は》るのなら、千両《せんりょう》いただきますよ！　あげるのならタダでいいですが、売るのなら一文も負けられません」

番「わかりました、さよならッ……。ただ今、帰りました」

旦「番頭さん、みかんはなかっただろう？」

番「いえ、みかんの問屋に一つだけありました。でも、千両だって言うんです」

旦「千両？　倅の命が千両で買えるのなら安いじゃないか。千両箱を持って、早く買ってきなさい！」

番「わァ――ッ、行ってきます！」

番頭さん、千両でみかんを買って帰って、早速《さっそく》、若旦那に食べさせました。

若「美味しかった！　これで病気は治ったよ。でも、みかん一つを千両で買ってもらうなんて、私は贅沢者《ぜいたくもの》のバチ当たりだね。みかん一つに十粒入ってたけど、七粒食べました。ここに三粒あるから、お父さんとお母さん、それに番頭さんで一粒ずつ食べてよ」

番「では、いただきます」

番頭さん、みかんを三粒持って、廊下《ろうか》に出ました。

番「みかん一つを千両で買うなんて……。十粒入っていたから、一粒が百両だよ。ここに三粒あるから、ここには三百両あるんだ。三百両あれば、一生働かなくても暮《く》らせるぞ。ここに三百両あるのか……。こんな所で働いてられないよ！」

番頭さん、みかんを三粒持って、どこかへ行ってしまいました。

隠「竹《たけ》さん、こっちへお入り。ニコニコと笑って、どうしたんだ？」

竹「今、みんなで話をしていたら、松吉《まつきち》が『鳥のツルが、一番好きだ』と言い出しましてね。すると、みんなも『ツルは、姿《すがた》が美しいからな』って言ったんですよ」

隠「なるほど。確かに美しい鳥だ」

竹「でも、どうしてあの鳥を『ツル』って呼《よ》ぶのか、誰《だれ》も知らないんです。ご隠居《いんきょ》さんなら知ってるでしょ？」

隠「あァ……。そうだな」

竹「声が小さくなりましたよ。知らないんですか?」

隠「バカなことを言うんじゃない。わしは何でも知ってるよ」

竹「やっぱり物知りですね。じゃあ、教えてくださいな」

隠「教えてやるから、よく聞きなさい。あの鳥は昔は『ツル』とは言わないで、『首長鳥《くびながどり》』と呼んでたんだ」

竹「首長鳥? あァ、首が長いからですね。どうしてツルになったんですか?」

隠「昔、一人のお年寄《としよ》りが浜辺《はまべ》で海を見ていると、海の向こうの『唐土《もろこし》』の方から」

竹「ヘェ――ッ。海の向こうに『物干し』があるの？」

隠「物干しじゃない、唐土だ。今の中国《ちゅうごく》のことを、昔は『唐土』と言ったんだよ。唐土の方から首長鳥のオスが、ツゥ――ッと飛んできて、松の木の枝《えだ》にポイッと止まったんだ。後からメスが、ルゥ――ッと飛んできたから、『ツゥ――ルゥ――』となったんだな」

竹「何ですか？」

隠「しっかり聞きなさいよ。まず、首長鳥のオスが、ツゥ――ッと飛んできて、松の木の枝にポイッと止まったんだ。後からメスが、ルゥ――ッと飛んできたから、『ツゥ――ルゥ――』となったんだよ！」

竹「『ツゥ――ルゥ――』がツルになったんですか？　これは面白《おもしろ》いや。さよならッ！」

隠「オイオイ、どこへ行くんだ？」

竹「誰《だれ》かに言ってやるんですよ。さよならッ……。『ツゥ――ルゥ――』がツルになったって、本当か嘘《うそ》かは知らないけど面白いや。さて、誰に言ってやろうかな。そうだ、梅助《うめすけ》がいいぞ……。梅助は居るかい？」

梅「何か用か？　今、カンナで板を削《けず》ってるんだ」

竹「ツルを知ってるかい？」

梅「（板を削りながら）　鳥のツルか？」

竹「昔は『首長鳥』と呼んでたんだ。どうしてツルになったか、知ってるかい？」

梅「知らない」

竹「教えてやろうか？」

梅「教えていらない……。板を削るのが忙《いそが》しいんだ」

竹「そんなことを言わないで、しっかり聞いてよ。ねェ、お願いだから」

梅「変な男だな。じゃあ、聞いてやるよ」

竹「ありがとう。昔、一人のお年寄りが浜辺で海を見ていると、海の向こうの唐土の方から首長鳥のオスが、ツルゥ――ッと飛んできて、松の木の枝にポイッと止まったんだ。後からメスが……。さよならッ！」

梅「何だよ、帰っちゃったぜ」

竹「おかしいな。メスの分はどこへ行ったんだろう。もう一度、ご隠居さんに聞いてみよう……。ご隠居さん、どうして『首長鳥』が『ツル』になったの？」

隠「もうどこかで喋《しゃべ》ったな。誰かに言うのおよしよ」

竹「もう一度だけ、教えてくださいな」

隠「仕方《しかた》のない奴《やつ》だな。昔、一人のお年寄りが浜辺で海を見ていると、海の向こうの唐土の方から首長鳥のオスが、ツゥ――ッと」

竹「わかりました、さよならッ……。そうだ、ツゥ――ッなんだ。それをツルゥ――ッと言ったから、メスの分がなくなったんだ……。おォ――い、梅吉《うめきち》ィ――ッ。もう一度、聞いてくれェ――ッ！」

梅「また来たぜ。もういいよ。仕事が進まないから」

竹「お願いだから、もう一度聞いてくれ。昔、一人のお年寄りが浜辺で海を見ていると、海の向こうの唐土の方から首長鳥のオスが、ツゥ――ッ……。これなんだよ、ツゥ――ッ。間違っちゃいけないよ、ツゥ――ッ！」

梅「何を〝ツゥツゥ〟と言ってるんだ。それがどうしたんだ？」

竹「首長鳥のオスがツゥ――ッと飛んできて、松の木の枝に〝ルッ〟と止まったんだ。後からメスが……。あれッ、後からメスが……」

梅「メスは、どうしたんだ？」

竹「あのォ……。黙《だま》って飛んできた」

旦「梅《うめ》さん。もっと、たくさんおあがり」

梅「もう満腹《まんぷく》です。こんなにご馳走《ちそう》がいただけるなんて、本当に幸せですよ」

旦「美味《おい》しかったかい？」

梅「どれもこれも美味しいの美味しくないの。夢中《むちゅう》でムシャムシャいただきました」

旦「梅さんは何をご馳走しても、『美味しい』と言って食べてくれるから嬉《うれ》しいね。それに比べて隣《とな》りの竹《たけ》さんは、『美味しくない。つまらない』ばかりを言うんだ」

梅「本当ですか?」

旦「それに、何を見ても『これは知ってる』とか、『珍《めずら》しい物は無《な》いの?』とか、腹の立つことばかりを言うんだよ」

梅「イヤなことを言いますね」

女「あなた! これを見てくださいな」

旦「どうした、急に大きな声を出して」

女「戸棚《とだな》に入れておいたお豆腐《とうふ》が腐《くさ》っちゃったんです。小さく縮《ちぢ》んで黄色《きいろ》くなって、青や赤のカビが生《は》えてしまいました」

旦「豆腐が腐った? ここへ持ってきなさい……。あァ、本当だ。豆腐が腐ると、こんな形になるんだね。梅さん、見てごらんよ」

梅「これは美味しいですか?」

旦「バカなことを言うんじゃない。これは食べられないよ……。そうだ、梅さん。これを隣りの竹さんに食べさせようか?」

梅「大丈夫《だいじょうぶ》ですか?」

旦「少しくらいなら大丈夫だろう。いい懲《こ》らしめになるから、やってみようよ。これを箸《はし》でグシャグシャに潰《つぶ》して、お醬油《しょうゆ》をかけるんだ。そして、お刺身《さしみ》のワサビを混《ま》ぜて、グャグシャグシャとね……。ホラ、不思議《ふしぎ》な食べ物になっただろう?」

梅「変な物が出来上がりましたね」

旦「どこかの町の名物だと言って食べさせよう。竹さんに『これを知ってるかい?』と聞けば、『知ってます!』と言うに違《ちが》いないから」

梅「箱に入れましょうよ」

旦「そうだね……。これを箱に入れて、上から紙を貼《は》っておくれ。その紙に名物の名前を書きたいけど、何にしようかな?」

梅「どこかで三味線《しゃみせん》の音が聞こえますから、『チリトテチン』という名前はどうでしょう？」

旦「『チリトテチン』？　あァ、いい名前だ。じゃあ、紙に『長崎名物・チリトテチン』と書いておくれ……。梅さん、早く竹さんを呼んでおいで」

梅「面白《おもしろ》くなりそうですね。すぐに、行ってきますから……」

竹「今、梅さんが呼びにきましたけど、何か用ですか？」

旦「竹さんか、ここへお座《すわ》り。珍《めずら》しい食べ物をもらったんだけど、どうして食べていいのかわからないんだ。竹さんは何でも知ってるから、食べ方を教えてもらおうと思ってな」

竹「何をもらったんですか？」

旦「竹さんも知らない食べ物かも」
竹「知らない食べ物なんか、ありませんよ」
旦「じゃあ、聞くけどね。『長崎名物・チリトテチン』なんだけど、知ってるかい？」
竹「『長崎名物・チリトテチン』？　あァ、あれですか」
旦「知ってるのかい？」
竹「当たり前ですよ。三年前に長崎へ行った時、朝、昼、夜と食べてましたから」
旦「じゃあ、食べてみるかい？」
竹「いただきますよ。大好きなんだから」
旦「『チリトテチン』って、美味しいの？」
竹「これほど美味《うま》い物は無いですね。長崎の

人は、みんなが喜んで食べてますよ」

旦「そうかい。『チリトテチン』の箱入りがあるから、蓋《ふた》を開けてお食べよ」

竹「いただきましょう……。あァ、これだ！　『長崎名物・チリトテチン』と書いてある。蓋を取っていただきましょう……。わッ！　何だ、この匂《にお》いは！」

旦「『チリトテチン』の匂いだろう？」

竹「懐《なつ》かしい匂いですね。この匂いをかぐと、長崎を思い出しますよ」

旦「さァ、早くお食べ」

竹「『チリトテチン』は、箸《はし》の先に少しだけ付けて食べるんですよ。じゃあ、いただきましょう……。ううッ、ゴホッ！。『チリトテチン』は、食べる前に咳《せき》が出ますから……。ううッ、(口に入れる)あァ、美味しい！」

旦「強情《ごうじょう》だね……。一体《いったい》、『チリトテチン』って、どんな味なんだい？」

竹「うゥ——ん、豆腐の腐ったような味ですよ」

医「和尚《おしょう》の身体《からだ》は、ずいぶん良くなられましたな」

和「先生にお見舞《みま》いしていただくと、ドンドン良くなりますよ」

医「ところで妙《みょう》なことを聞きますが、『てんしき』はございますかな？」

和「はァ？　あァ、『てんしき』ですか……。いえ、ございません」

医「それでは薬を出しますから、取りにきてください。じゃあ、これで帰りましょう」

和「ありがとうございました……。『てんしき』？　『てんしき』って何だろうな？　そうだ、どこかで珍念《ちんねん》に借りてこさせよう……。コレ、珍念」

珍「ご用ですか?」
和「どこかで、『てんしき』を借りてきなさい」
珍「『てんしき』って何ですか?」
和「この前、教えただろう! それから、先生に薬をもらってくるのじゃ」
珍「行ってきます……。『てんしき』って何だろう? 和尚さんに教わったのかな? 花屋さんへ行ってみよう……。花屋さん、こんにちは」
花「珍念さんか。何か用かい?」
珍「『てんしき』を貸してもらえませんか?」
花「何だって?」
珍「『てんしき』をお借りしたいんです」

花「『てんしき』？　あれは棚《たな》から落ちて割れちゃったんだ。ごめんよ」
珍「さよならッ。今度はお米屋《こめや》さんに行ってみよう……。こんにちは」
米「あァ、珍念さんか。何だい？」
珍「『てんしき』を貸してもらえませんか？」
米「何ッ？」
珍「『てんしき』をお借りしたいんです」
米「『てんしき』？　あァ、今朝《けさ》、お味噌汁《みそしる》に入れて食べちゃった。ごめんね」
珍「さよならッ……。『てんしき』って落ちて割れたり、お味噌汁に入れて食べる物なの？　先生に聞いてみよう……。先生、お薬をいただきにきました」
医「あァ、珍念さんか。このお薬を持って、

お帰り」

珍「先生、お聞きしたいことがあります。『てんしき』って何ですか?」

医「『てんしき』とは、オナラのことじゃな」

珍「オナラ? オナラって、お尻《しり》から出る?」

医「鼻からは出ないな」

珍「オナラが『てんしき』? ありがとうございました」

医「後でお寺に行きますから、和尚さんにそのように言ってくださいな」

珍「わかりました、さよならッ……。オナラが『てんしき』なのか。でも、おかしいぞ。和尚さんは『オナラを借りてきなさい』と言ったの? 花屋さんは『棚から落ちて、割れちゃった』と言ったぞ。オナラって割れるのかな? お米屋さんは『お味噌汁に入れて、食べちゃった』と言ったよ。オナラって食べられるのかな? あッ、みんな知らないんだ。お寺に帰ったら、和尚さんに何て言おうかな。そうだ! 『てんしき』は

『お盃《さかずき》』と言ってやろう……。和尚さん、お薬をもらってきました」
和「ご苦労さん。それから、『てんしき』は借りられたかな？」
珍「どこにも『てんしき』はありませんでした。『てんしき』は『お盃《さかづき》』のことでしょ？」
医「こんにちは」
和「盃？　その通り！　忘れないように、しっかり覚《おぼ》えておきなさい」
和「あァ、先生ですか。どうぞ、こちらへ……。さっきは『てんしき』が無いと申しましたが、実はありまして」
医「ほゥ、それは良かったですな」
和「先生にも、『てんしき』を見ていただこうと思いまして」
医「いや、『てんしき』は見たくありません」
和「私の自慢《じまん》の『てんしき』ですから」
医「自慢の『てんしき』？」

和「ここへ、お出ししましょう」
医「もう結構《けっこう》です」
和「そう仰《おっしゃ》らずに……。珍念、私の『てんしき』を持ってきなさい。さァ、ご覧《らん》ください」
医「黄色《きいろ》の布《ぬの》に包《つつ》まれてますな。『てんしき』を包むと、このような色になりますか？ ほゥ、これは盃ですな。医者は『オナラ』のことを『てんしき』と申しますが」
和「何ッ、オナラ？ 珍念、ここへきなさい！ さっきから口を押さえて真っ赤な顔をして、何をしておる！」
珍「お話が『てんしき』だったので、プゥ――ッと吹《ふ》き出しちゃったんです」

お殿様《とのさま》が江戸《えど》からお帰りになるというので、お殿様の行列《ぎょうれつ》を待っている人達は、道の両側《りょうがわ》でキチンと頭を下げて座《すわ》っていました。

松「ズ――ッと頭を下げてるから、頭に血が上って鼻血《はなぢ》が出てきたよ。どうしよう?」

竹「鼻血を止めるための、いいお呪《まじな》いがあるぜ。首筋《くびすじ》の毛を三本抜《ぬ》けば鼻血が止まるよ」

松「本当かい? 首筋の毛を三本抜くんだな。えいッ! あッ、本当に鼻血が止まった」

竹「よかったね。あッ、お殿様の行列がお通りになるぞ。もっと頭を下げなきゃ」

暫《しばら》くしてお殿様の行列がお通りになって、そのままお城の中へ入られると、お殿様は駕籠《かご》から下りて、大勢《おおぜい》の家来《けらい》が待っている広いお座敷《ざしき》にやってこられました。

家「殿。無事にお帰りになり、家来一同も喜んでおります」

殿「皆《みな》も達者《たっしゃ》で喜ばしいのう。ところで、江戸で他の大名《だいみょう》から予《よ》の城下《じょうか》に『苫ケ島《とまがしま》』という島があると聞いたが、予は知らなんだ。苫ケ島はどこにあるのじゃ?」

家「苫ケ島は、お城より西に参《まい》りました海に浮かんでおります。人は住まず、

鳥や獣《けもの》の住処《すみか》になっており、怪《あや》しき怪物《かいぶつ》が住んでおるようでございます」

殿「それは面白《おもしろ》い。苫ケ島に参《まい》って、怪物退治《たいじ》を致そうではないか」

家「それはお止《や》め下さりませ。昔から苫ケ島へ怪物退治に行った者は、誰《だれ》も帰って参《まい》りません。どうやら怪物に食われたようでございます」

殿「黙《だま》れ！　予は怪物を怖《こわ》がるような弱い者ではない！　皆《みな》の者、船の支度《したく》を致せ！」

家「ハハァ――ッ！」

次の日の朝、お殿様を先頭に大勢の家来が大きな船に乗って苫ケ島に辿《たど》り着きましたが、シィ――ンとして、とても静かです。

殿「怪物が住んでおるそうじゃが、静かでは

ないか。おやッ、空を大きなワシが悠々《ゆうゆう》と飛んでおるぞ。あれが苫ケ島の怪物に違いない。皆の者、あのワシを鉄砲《てっぽう》で打て！」

家「ハハァ――ッ！」

ダンダァ――ンとワシを狙《ねら》って鉄砲を打ちましたが、鉄砲の玉はワシに届《とど》きません。

その時、木の切り株《かぶ》がグラグラッと揺《ゆ》れ出してパカッと二つに割《わ》れると、白い煙《けむり》がシュワァ――ッと吹《ふ》き出して、その中から人間の何倍《なんばい》もある大へビが現れました。

殿「空に怪《あや》しきワシ、切り株からは大へビが出て参ったぞ」

ワシが大へビに向かってサァ――ッと下りてきましたが、大へビはワシをギリギリまで近づけておいて、いきなり口から白い煙《けむり》をフワァ――ッ！

ワシは目眩《めまい》を起こして、フラフラフラァ――ッ。

海の中へ、ザブゥ――ン！

ワシに勝った大ヘビがお殿様に向かって、ジリジリッ、ジリジリッと近づいてきましたが、その時、牧野八兵衛《まきのやへえ》という若い侍《さむらい》が、右手に槍《やり》、左手に刀《かたな》を持って現れました。

牧「大ヘビッ、勝負だ！」

大ヘビが八兵衛を飲み込もうと、大きな口を開けてダダダダダ――ッと近づいたところへ、左手に持っていた刀を縦《たて》に「エイッ！」とはめ込みました。

口が塞《ふさ》がらなくなった大ヘビは、八兵衛をグルグル巻《ま》きにして絞《し》め殺《ころ》そうと、ダダダダダ――ッと近づいてきたところで、今度は右手に持っていた槍で大へビの鼻をグサッ！

大ヘビの鼻から、鼻血がブァ――ッ！

大ヘビは「痛《いた》い！　何をするのよ」と泣きながら逃げようとすると、八兵衛が大ヘビの上に乗って、首筋《くびすじ》のウロコをエイッと掴《つか》みました。

牧「コラッ、大ヘビ。どこへ行く？」

へ「あのォ、お便所《べんじょ》へ」

牧「嘘《うそ》をつけ。逃がさんぞ」

八兵衛の掴んだ手にググゥ――ッと力が入ると、大ヘビの首筋のウロコが三枚、ビュ――ッと抜《ぬ》けました。

お呪いは、すごい！

大ヘビの鼻血が、ピタリと止まりました。

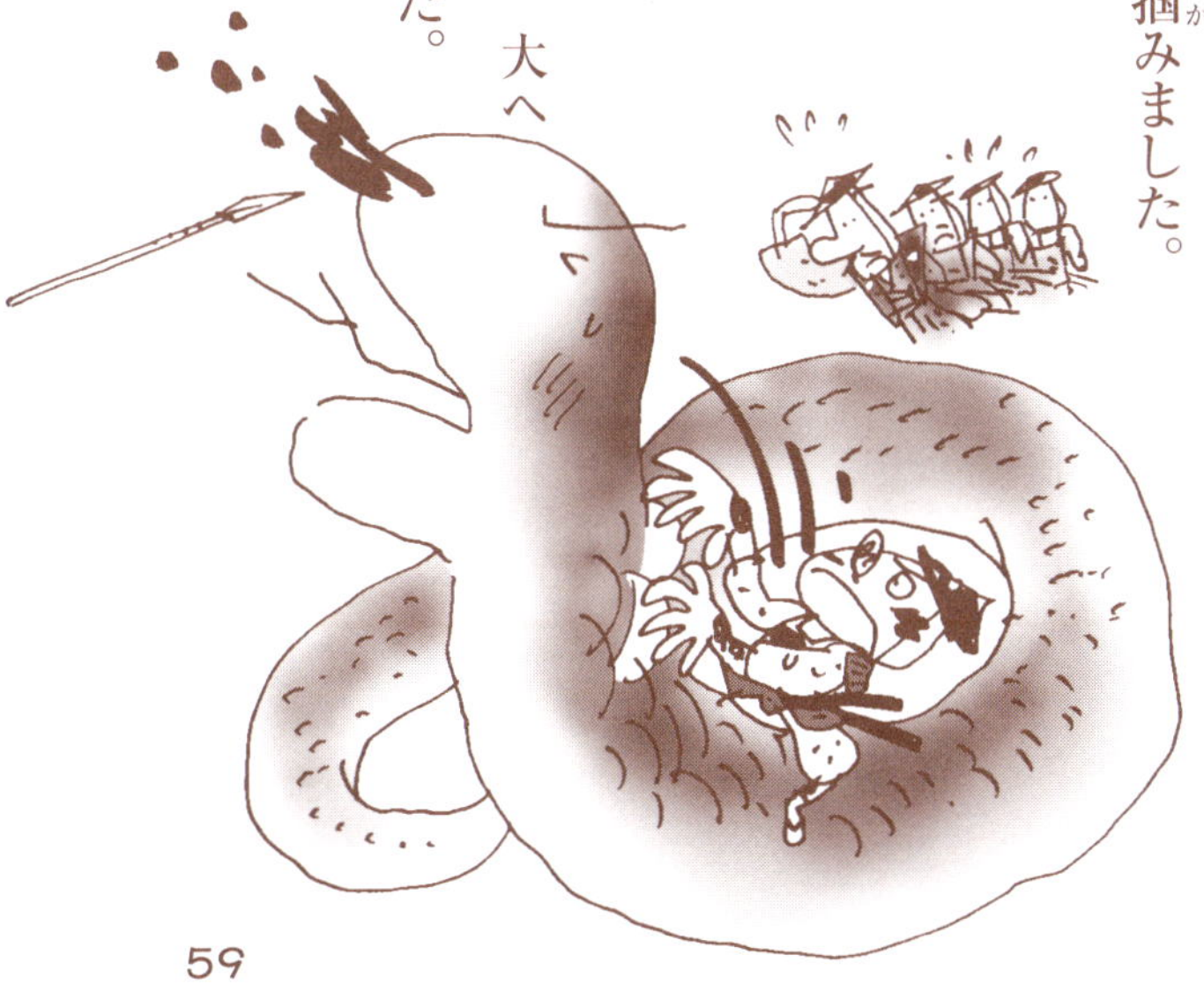

夏の暑い日、ある村のお百姓《ひゃくしょう》がお腹を押さえて苦しみ出しました。

父「あ、イタタタタタタ……。倅《せがれ》、早うお医者様を呼んでくれ！」

○「お医者様の家は、峠《とうげ》を越えた隣《とな》り村じゃ。大急ぎで呼んでくるで我慢《がまん》してくれや」

倅は大急ぎで峠を越えて、医者の家にやってきました。

○「先生様。お父っつあんが急に腹痛《はらいた》を起こしましただ」

医「何ッ、急な腹痛じゃと？　昼ご飯のおかずは、何を食べた？　何ッ、チシャを食べたとな？　あァ、チシャに当たったんじゃ。夏のチシャは当たりやすいでのう」

○「お見舞《みま》いに、来てもらえませんかな？　わしの家は峠を越えた隣り村じゃ」

医「何ッ、隣り村？　この暑いのに峠を越えて行くのはイヤじゃのう。お前が薬箱《くすりばこ》を背負うてくれるのなら、行ってやってもええがな」

○「わかりました。じゃあ、先生様。早うこっちへ来てくだせえな」

伜が薬箱を背負うと、先生を連れて山道をドンドン登って峠までやってきました。

○「先生様、足が草臥《くたび》れたのう。大きな木が倒《たお》れとるで、ここへ座《すわ》って一服《いっぷく》しましょう」

二人が「ヨイショッ」と座った木は、本当は大きな蛇《へび》、つまり、大蛇《だいじゃ》だったのです。

蛇「何か腹の上に乗ったぞ。あッ、美味《うま》そうな人間が二人じゃ。よし、呑《の》んでやろう」

蛇がニュ――ッと首を持ち上げると、いきなり二人をゴボォ――ッ！

○「先生様。いっぺんに日が暮れた！」

医「バカこけ。さっきの木は、大きな蛇じゃ。わしら二人は大蛇に呑み込まれたぞ」

◯「これから、どうなるんじゃ？」

医「外へ出る手を考えようか……。そうじゃ、下《くだ》し薬《ぐすり》を蒔《ま》いて蛇のお腹を下させて、わしら二人はお尻の穴からズボォ――ッと外へ出してもらおう」

◯「大丈夫かな？」

医「わしに任しとけ……。さァ、この下し薬を蛇の腹の中へ蒔くんじゃ」

◯「わかりました。それじゃ、ベタ一面に蒔きますでな。えェ――い！」

暫《しばら》くすると、大蛇のお腹がゴロゴロゴロゴロゴロ！

◯「先生様、大地震《おおじしん》じゃ」

医「地震じゃありゃせん。さっきの下し薬が効いたんじゃ。このまま流されて行けばええわい」

○「向こうに明かりがチラチラと見えてきたぞ」

医「お尻の穴じゃ。もうすぐ外へ出られるぞ」

蛇のお腹が、ガラガラガラガラァ――ッ！

外へ、ズボォ――ッ！

○「外へ飛び出したぞ。あァ、青い空じゃ。助かった、助かった」

医「本当に良かったのう……。どうした？　急に顔を曇《くも》らせて」

○「先生様、えらいことをした。薬箱を蛇の腹の中へ忘れてきたぞ」

医「バカモノ！　薬箱が無かったら、お父っつあんのお見舞いが出来んじゃないか。もういっぺん蛇に呑んでもろうて、腹の中で下し薬を蒔いて外へ出てこい」

○「どの薬が下し薬かわからんぞ。間違うて下し止めを蒔いたら、外へ出られんでな。先生様が行ってきてくれ」

医「仕方がないのう。わしが蛇に頼《たの》んでみようか……。蛇さんは腹を下したで、息をハァハァさせてヘタばっとるぞ……。蛇さん、このバカがお前の腹の中へ薬箱を忘れたと言うんで、わしが取りに行きたいんじゃ。もういっぺんだ呑んでくれ」

蛇「ハァハァ、ダメじゃ」

医「さっきは二人も呑んだのに、今度は一人だけじゃ。もういっぺん、わしを呑んでくれ」

蛇「ハァハァ、ダメじゃ」

医「どうしてダメじゃ?」

蛇「夏の医者（チシャ）は、当たりやすい」

高い値段《ねだん》が付《つ》いている古いお皿や茶碗《ちゃわん》のことを『骨董品《こっとうひん》』と言いますし、それをどこかで買ってきて、他の人に売ってお金儲《かねもう》けをする人のことを『骨董屋《こっとうや》』と言います。

ある日のこと、町の骨董屋が田舎《いなか》の村へやってきて、骨董品を一日中探《さが》し廻《まわ》りましたが何も見つかりません。

夕方になると、身体《からだ》がヘトヘトになりました。

○「あァ、疲《つか》れたなァ。一つぐらいは値打《ねう》ちのあるお皿や茶碗が見つかってもいいのに……。夜になったら、町へ帰るバスが無《な》くなってしまうよ」

ひとり言を言いながら、骨董屋が田んぼの畦道《あぜみち》をトボトボと歩いてバス停までやってきて、バスの時刻表《じこくひょう》を見ました。

○「次のバスがくるまで、まだ一時間もあるよ。あそこのお店で、お婆《ばあ》さんがイスに座《すわ》って店番《みせばん》をしているぞ。お店のイスに座って、パンでも食べながらバスを待とうか……。お婆さん、こんにちは」

婆「いらっしゃいませ。どうぞ、お入りくださいな」

○「パンと牛乳をもらおうか」

婆「ハイ、どうぞ」

骨董屋がパンを食べながら、、牛乳を飲んで、ホッとしていると、店の隅《すみ》で小さな猫《ねこ》が茶碗のご飯を食べていました。

○「お婆さん、可愛《かわい》い猫が居るね」

婆「イタズラをしましたら、叱《しか》ってやってくださいな」

○「いや、大丈夫。おとなしく茶碗のご飯を食べてるよ……。おやッ、あれは『絵高麗《えごうらい》・梅鉢《うめばち》の茶碗』で、五百万円くらいの値打《ねう》ちがある茶碗だ。どうして、あ

の茶碗で猫にご飯を食べさせているのかな……。そうか、お婆さんは茶碗の値打ちを知らないんだ。だから大切にしまっておかないで、猫にご飯を食べさせているのか。あァ、あの茶碗が欲《ほ》しいなァ……。お婆さんには悪いけど、だまして茶碗を持って帰ろう」

婆「もう一つ、パンはいりませんかな?」

○「もうお腹《なか》が一杯《いっぱい》なんだ。パンと牛乳のお金を払《はら》うよ」

婆「ありがとうございます。二百円です」

○「じゃあ、ここへ置くよ……。お婆さん、実は頼《たの》みがあるんだ」

婆「何ですかな?」

○「この間、うちの猫が死んじゃったんだけど、この猫が死んだ猫にソックリでね。だから、この猫を売ってくれないかな?」

婆「あァ、そうですか。捨《す》て猫ですから、どうぞ、連れてお帰りくださいな」

○「ありがとう。じゃあ、お礼に一万円を払うよ」

婆「捨て猫ですから、お礼はいりません」
○「それでは気がすまないから、とにかく一万円はもらってよ」
婆「それでは、いただきます。その猫、可愛がってやってくださいな」
○「わかってるよ、可愛い猫だね。あァ、あくびをした。舌《した》で鼻の頭をペロペロとなめてるね……。それから、猫がご飯を食べていた茶碗も一緒《いっしょ》にもらうよ」
婆「その茶碗は汚れてますから、こっちの新しい茶碗をお付けしますよ」
○「新しくなくてもいいんだ。『賢《かしこ》い猫は、いつもの茶碗でなけりゃご飯を食べない』と言うからね」
婆「その猫はバカですから、どんな茶碗でも食べますよ。それより、こっちにあるプラスチックの茶碗をお付けします」
○「いや、この茶碗でいいよ」
婆「でもね、お客さん……。あなたは知らないでしょうが、その茶碗は『絵高麗・梅鉢の茶碗』と言いまして、五百万円くらいで売れる骨董品なんですよ」

○「えッ、そうなの？　お婆さん、茶碗の値打ちを知ってたんだ……。わッ、猫がオシッコをかけて、どこかへ行っちゃったよ」

婆「それは、お気の毒《どく》で」

○「お婆さん、そんなに値打ちのある茶碗なら、大切に片付《かたづ》けておきなよ。どうして、この茶碗で猫にご飯を食べさせているんだよ？」

婆「それが面白《おもしろ》いもので、この茶碗でご飯を食べさせてると、時々、猫が一万円で売れるんですよ」

旦「定吉《さだきち》、定吉！」
定「あッ、旦那《だんな》がお呼びだ……。何かご用ですか？」
旦「隣《とな》り町の平林《ひらばやし》さんを知ってるだろう？」
定「知ってます。お隣りが焼《や》き芋屋《いもや》でしたね」
旦「焼き芋屋は、どうでもいいんだ。平林さんへ手紙を届《とど》けてきておくれ」
定「はい、わかりました……。あのォ、どこへ行くんでしたっけ？」
旦「もう忘《わす》れたのか。隣り町の平林さんだ」
定「あァ、そうでしたね……。何をしに行くんでしたっけ？」

旦「今、渡した手紙を届けるんだ」
定「そうそう、思い出しました……。どこへ届けるんでしたっけ?」
旦「いい加減《かげん》にしなさい! 手紙を手に持って、隣り町へ向かって行きながら、『ひらばやし、ひらばやし』と言い続ければ忘れないだろう。それでも忘れてしまったら手紙に名前が書いてあるから、それを見なさい。さァ、早く行っといで」
定「行ってきまァ――す……。手紙を手に持って、『ひらばやし、ひらばやし』っと」
☆「定吉さん、どこへ行くんだい?」
定「隣り町の『ひらばやし』さんまで、手紙を届けるんです」
☆「そうかい。気をつけて行っておいで」
定「ありがとう、さよなら……。『さよなら、さよなら』……。『さよなら』?
あッ、名前を忘れちゃった。どうしよう……。そうだ、手紙の表に名前

が書いてあるって旦那が言っていたぞ……。あァ、ダメだ。漢字で書いてあるから読めないや。そうだ、大人の人に読んでもらおう……。あのォ、すみません」

○「何だい？」

定「この手紙に書いてある字を読んでもらえませんか？」

○「あァ、これは上が『たいら』で、下が『はやし』だ。だから、『たいらばやし』だな」

定「ありがとうございました。『たいらばやし、たいらばやし』……。そんな名前じゃなかったな。あァ、向こうからお坊《ぼう》さんが来たぞ。お坊さん、すみません」

坊「何か用かな？」

定「この手紙に書いてある字は、どう読むの？」

坊「見せなさい。上が『ひら』で、下が『りん』だから、『ひらりん』じゃな」

定「ありがとうございました。『ひらりん、ひらりん』……。『ひらりん』？　何だかヒラヒラと飛んでいきそうだ。あそこに居るお爺《じい》さんに聞いてみよう。すみません」

爺「何じゃな？」

定「この手紙に書いてある字は『ひらりん』ですか？」

爺「『ひらりん』？　こっちへ見せなさい。あァ、これは一つ一つをバラバラに読むんじゃ。一番上が『いち』、次が『はち』と『じゅう』、その下に『もく』が二つ書いてあるから、『いちはちじゅうの、もォくもく』と読むのじゃよ」

定「ありがとうございました。『いちはちじゅうの、もォくもく。いちはちじゅうの、もォくもく』……。『いちはちじゅうの、もォくもく』？　そんな妖怪《ようかい》のような名前じゃなかったぞ。あッ、お隣《とな》りのお嬢《じょう》さんだ。お嬢さァ――ん！」

嬢「定吉さん、こんにちは」

定「この手紙に書いてある字は、『いちはちじゅうの、もォくもく』なの？」

嬢「何、それ？　この字をお爺さんが『いちはちじゅうの、もォくもく』と読んだって。オホホホホホ。この字は、そう読んではいけないのよ」

定「おかしいと思ったんだ。どう読むの？」

嬢「『一』の字は『ひとつ』と丁寧《ていねい》に読むのよ。『八』も『はち』じゃなくて『やっつ』。『十』も『じゅう』じゃなくて『とお』。『木』が二つは『もくもく』じゃなくて『きっき』。だから、『ひとつとやっつで、とっきっき』と読むの」

定「『ひとつとやっつで、とっきっき』？　どうも、ありがとう。『ひとつとやっつで、とっきっき。ひとつとやっつで、とっきっき』……。何だか、お猿《さる》みたいだ。『ひとつとやっつで、とっきっき。ひとつとやっつで、と

郵便はがき

料金受取人払い

麹町局承認

6174

差出有効期間
平成20年6月
30日まで
（切手は不要です）

1028790

102

東京都千代田区
飯田橋2-4-10 加島ビル

いかだ社
「読者サービス係」行

お名前《ふりがな》 ご職業	男・女	生年月日　　年　月　日 電話
〒 ご住所 メールアドレス		
お買い求めの書店名	ご購読の新聞名・雑誌名	

本書を何によって知りましたか（○印をつけて下さい）

1．広告を見て（新聞・雑誌名　　　　　　　　）

2．書評、新刊紹介（掲載紙誌名　　　　　　　　）

3．書店の店頭で　4．人からすすめられて　5．小社からの案内

6．その他（　　　　　　　　）

このカードは今後の出版企画の貴重な資料として参考にさせていただきます。ぜひご返信下さい。

読者カード

本書の書名

本書についてのご意見・ご感想

出版をご希望されるテーマ・著者

●新刊案内の送付をご希望ですか（○印をつけて下さい）

希望　　　不要

●ご希望の新刊案内のジャンルをお教え下さい（○印をつけて下さい）

教育書　保育書　児童書　その他（　　　　）　全てのジャンル

ご協力ありがとうございました。

　　っきっき』」

□「誰《だれ》だ、キイキイと言ってるのは……。何だ、定吉じゃないか。どうしたんだい？」

定「隣り町へ手紙を届けるんだけど、名前を忘れちゃったんだ。手紙に名前が書いてあるけど、漢字で書いてあるから読めないの。いろんな人に読んでもらったら、お隣りのお嬢さんが『ひとつとやっつで、とっきっき』だって」

□「どれ、見せてごらん……。これは『ひらばやし』じゃないのか？」

定「あァ、『ひらばやし』だ！　もう忘れないぞ。ありがとォ――ッ！　ありがとォ――ッ！」

□「振《ふ》り向きながら、お礼を言わなくてもいいよ。しっかり名前は覚えているだろうな」

定「もう忘れないよ。『ありがとう』だい！」

ある神社《じんじゃ》に真っ白な犬が住んでいて、お参《まい》りをする人はいつも犬の頭をなでて、声をかけています。

○「お前は真っ白だね。真っ白の犬は人間に近いそうだ。今度、生まれてくる時は人間に生まれてくるんだよ。さァ、私も神様《かみさま》にお願いをするからね……。パチパチ。（手を叩《たた》く）　家族が健康でありますように」

犬「今日も人間が神様にお願いをしてるよ。そういえば、一度も神様にお願いしたことがないから、やってみようかな？　人間が神様にお願いをする時、手を合わせて『パチパチ』と音をさせてたぞ。（前足を叩く）あれッ、犬が前足を合わせても『パフパフ』という音だけだ。まァ、いいや。どうか神様、今度生まれてくる時は、人間にしてくださいね……。『パフパフ！』」

次の日の朝。

犬「あァ――ッ。（あくびをする）何だか今日は寒いな……。あれッ、体の毛が抜《ぬ》けちゃったぞ。おやッ、人間の身体になっちゃった……。神様がお願いを聞いて

くれたんだ。神様、ありがとうございます。『パチパチ』。（手を叩く）
今までは『パフパフ』だったのに、『パチパチ』という音がするぞ。でも、
裸《はだか》は恥《は》ずかしいな。ここに長い手拭《てぬぐ》いが落ちてるから、これを腰《こし》に巻《ま》こう……。向こうから前田《まえだ》さんが来たぞ。いつも頭をなでて、エサをくれるんだ。前田さァ――ん！」

前「変な人が居《い》るな。裸で腰に手拭いを巻いて。あんたは誰なの？」

犬「いつもお世話になってます」

前「あんたのことは知らないよ。名前は？」

犬「白です」

前「四郎《しろう》さんかい？　何の四郎さんだい？」

犬「ただの白です」

前「忠四郎《ただしろう》さんか……。この町内では知らない顔だね。とにかく、うちへ行こう」

犬「前田さんのお家なら、そこの角を右に曲がって、左に行った所でしょ？」

前「よく知ってるね。お腹が空いてるだろう？」

犬「ハァハァハァハァ！」

前「舌《した》を出して『ハァハァ』と言うんじゃない。行儀《ぎょうぎ》が悪いじゃないか。それに、舌で鼻の頭をペロペロなめるんじゃないよ。何だか舌の長い人だね。うちへ行くから、私についておいでよ」

犬「ヨイショッ、ヨイショッ！」

前「どうして這《は》って歩くの？　立って歩きなさい……。忠四郎さん、あちらこちらにオシッコをするんじゃない！　それに、その辺りをクンクンかぎ廻《まわ》るのもやめなさい……。さァ、うちに着いたぞ。今、帰ったよ」

女「お帰りなさい」

前「神社の前に変な人が立ってたんだ。裸で腰に手拭いを巻いて、行く所が無《な》いようだから、暫《しばら》くは泊《と》めてあげようと思ってね。名前は『忠四郎さん』

と言うんだ」
女「そうですか。忠四郎さん、こちらへお入りください……。まァ、玄関《げんかん》の敷《しき》居《い》に顎《あご》を乗せて寝てますよ」
前「何をしてるんだ。さァ、座敷《ざしき》に上がりなさい……。草履《ぞうり》をくわえるんじゃない！　私の着物をあげるから、早く着物を着なさい」
犬「ありがとうございます……。うゥ――ッ！」
前「急にうなり出したよ。どうしたんだ？」
犬「玄関から入ってきたのは猫《ねこ》のタマで、エサを盗《ぬす》む悪い奴《やつ》なんですよ……。うゥ――ッ、ワン。ワンワンワン！」
前「何を言ってるんだ。ところで、お腹は空いてるかい？」
犬「ペコペコです。骨《ほね》をください」
前「骨は食べられないよ。裸だったから、温かい物がいいだろう。お碗《わん》の物はどうだ？」

犬「えッ？」

前「お碗だよ」

犬「ワン！」

前「何を言ってるんだ。変なことを言うのも、いい加減《かげん》にしなさい！」

犬「人間って思ったより大変だ。もう人間がイヤになってきたよ」

前「忠四郎さん。うちの内儀《かみ》さんに頼《たの》んで、仕事を見つけてもらうからね」

犬「えッ、『神《かみ》さん』が居るんですか？　じゃあ、犬に戻《もど》してくれるように言ってくださいな」

宿「お泊《と》まりくださいまして、ありがとうございます」
○「宿屋《やどや》のご主人《しゅじん》かな。暫《しばら》くの間、ここへ泊まらせていただきますよ。実は、
人に貸《か》していた二万両のお金を返してもらいにきたので」
宿「二万両！　すごいお金ですね」
○「大したことはないよ。私は『お金持ち』と呼ばれて、二万両くらいはお
小遣《こづか》いなんだ」
宿「そのような方がお泊まりくださるとは、幸せでございます……。それなら
少しお願いがございまして」

○「何だい？」

宿「そこの神社で富《とみ》くじがありまして、明日、当たりがわかるんです。一番が当たると千両、二番が五百両、三番は三百両もらえますが、私の売っている富くじが一枚余《あま》ってしまいまして。一枚が一分《いちぶ》なんですが、買っていただけませんか？」

○「じゃあ、一分をあげるよ。富くじをおくれ」

宿「ありがとうございます……。いい番号ですよ、松《まつ》の百五十番。ひょっとすると、当たるんじゃないですか？」

○「お金はいらないよ。お金があり過ぎて困《こま》ってるんだから。じゃあ、もし富くじが当たったら、あなたに半分あげよう」

宿「えッ、半分のお金をいただけるのですか？　ありがとうございます！」

○「まだ当たってないよ。それより、ご飯《はん》の支度《したく》をしておくれ。お腹《なか》がペコペ

コだから」

宿「わかりました。どうぞ、ごゆっくり」

○「行っちゃった……。本当は財布《さいふ》に一分しか無《な》かったんだ。大きなホラを吹《ふ》いたから、最後の一分まで取られちゃったよ。これで一文無《いちもんな》しだな……。まァ、いいや。食べるだけ食べて逃げちゃおう」

困った人があったもので……。

明日になって神社へやってくると、大勢《おおぜい》の人が境内《けいだい》から出てきました。

□「残念だったね」

△「なかなか当たらないよ」

○「宿屋の主人が言ってた富くじか。当たり番号を紙に書いて、壁《かべ》に張《は》ってあるぞ。昨日、買ったのが『松の百五十番』だ……。一番の当たり番号が『松の百五十番』か。二番が『梅の八十三番』、三番が『鶴の二百六番』……。やっぱり当たらなかったなァ。あァ、これで一文無しだ。諦《あきら》められないから、もう一度見てみよう。買った富くじが『松の百五十番』で、一番の当たり番号が『松の百五十番』だって……。あれッ、おかしいぞ。買った富くじが『松の百五十番』で、一番が『松の百五十番』……。あた、あた、あた、たった、たった、たった、たったァ――ッ!」

△「『立った、立った』って、座《すわ》っちゃったよ。一体《いったい》、どうしたの? 一番が当たったって? それは凄《すご》いじゃないか。早くお帰りよ」

○「あた、あた、あた、たった、たった、たったァ――ッ!」

ブルブル震《ふる》えながら宿屋へ帰ってくると、布団《ふとん》を被《かぶ》って寝《ね》てしまいました。

その後から神社へやってきたのが、宿屋の主人。

宿「『富くじが当たったら半分あげる』って。当たらないだろうが楽しみだね。当たり番号が紙に書いて張ってあるぞ。お客さんの富くじは『松の百五十番』だったな。えェ、一番の当たり番号が『松の百五十番』……。あた、あた、あた、たった、たった、たった、たったァ――ッ！」

△「同じような人が出てきたよ。富くじに当たったのなら、早くお帰り」

宿「あた、あた、あた、当たったよ！　一番は千両だから、その半分なら五百両をもらえるんだ。ありがたい……。今、帰ったよ。富くじのお客さんは？」

女「さっき震えながら帰ってこられて、二階のお座敷《ざしき》でお布団を被って寝ていらっしゃいますよ」

宿「寝てるなんて、呑気《のんき》にしている場合じゃないんだよ。とにかく、二階へ行ってくるから……。お客さん、富くじが当たりました！　千両がもらえるんですよ！」

○「あた、あた、当たったくらいで、大きな声を出すんじゃない……。コレ、どれだけ嬉《うれ》しいかは知らないけど、二階の座敷まで下駄《げた》を履《は》いて上がってくる人がありますか！」

宿「すみません。あまり嬉しかったので、玄関《げんかん》で下駄を脱《ぬ》ぐのを忘《わす》れていました。とにかく、お祝いの宴会《えんかい》をしますからお布団から出てくださいな」

宿屋の主人がパッと布団を捲《めく》ると、お客さんも草履《ぞうり》を履いて寝ていました。

日本全国で「ろうそく」が使われるようになったのは明治《めいじ》時代からで、江戸《えど》時代には「ろうそく」を知らない町や村が、たくさんあったようで……。

ある日のこと、山の村のお庄屋《しょうや》の家に村人が集まって、みんなで首をかしげていました。

○「お庄屋さん。これは一体《いったい》、何じゃろうな?」

庄「わしも、こんな物は見たことがないぞ。白うて細長《ほそなご》うて、先に毛が一本生《は》えとる。ひょっとすると、神様《かみさま》からの授《さず》かり物かも知れんな。これは、どこで拾《ひろ》うてきたんじゃ？」

○「夜明け前、うちの前を見たことの無《な》い馬車が走って行って、そこに積んどった荷物《にもつ》から、これがコロコロと落ちたんじゃ」

庄「そうか。しかし、これは何じゃろうな。物知《ものし》りの牛之助《うしのすけ》、お前は知らんのか？」

牛「お庄屋さん、これは魚じゃ。山を三つ越《こ》えた隣《とな》り村へ行った時、白い身の魚の炊《た》いたのを食べたが、これにそっくりでな。鍋《なべ》に入れて、醤油で炊いたら美味《うま》かったぞ」

庄「魚なら安心じゃ。早速《さっそく》、炊いてみようか。さァ、婆《ばあ》さん。早《はよ》う鍋で炊いてくれ」

何にも知らないお婆さんは、「ろうそく」を鍋に入れて、醤油でグツグツグツグツ……。

庄「やっと炊けたで、鍋の蓋《ふた》を取るぞ。どんなに美味いか楽しみじゃ……。何じゃ、この匂《にお》いは！　その魚は、こんな匂いがしとったか？」

牛「そんな気もするのう。匂いはえぐいが、味はええはずじゃ」

庄「そんなら食べてみようか……。うわァ――ッ。何じゃ、この味は！　ペッ、ペッ、とても食べられんぞ。本当に、こんな味じゃったか？」

牛「ペッ、ペッ。お庄屋さん、これは違うわい。わしが食べた魚は、こんな妙《みょう》な味じゃなかったぞ。これは酷《ひど》いのう。ペッ、ペッ。毒《どく》じゃなかろうか？」

庄「お前が食べられると言うから食べたんじゃ。わしは少し飲み込んでしもうたぞ」

みんなが大騒《おおさわ》ぎをしているところへ、一人のお侍《さむらい》がやって参《まい》りました。

侍「あァ、道を尋《たず》ねたい。隣り村へは、どう行けばよいかな？」

庄「前の道を真《ま》っ直《す》ぐに行きまして、山を三つ越《こ》えますと隣り村で」

侍「左様《さよう》か……。何じゃ、この妙な匂いは？ その鍋で何かを炊いたのか？ 何を炊いたか見せてみよ」

庄「はい。これでございます」

侍「何をしておる！ これは『ろうそく』と申して、火の付《つ》く物じゃ。それを鍋で炊くようなバカなことをするのではない！ さらばじゃ」

お侍が出て行ってしまいました後、みんなは大騒《おおさわ》ぎ。

庄「えらいことになった。わしらは火の付《つ》く物を食べてしもうたぞ」

牛「そういえば、さっきから胸《むね》が焼けてきたようじゃ」

○「わしも」

□「オレもじゃ。お庄屋さん、どうしよう?」

庄「わしに付《つ》いてこい。村外《むらはず》れの池へ行くのじゃ」

お庄屋《しょうや》さんや村人達がお侍を追《お》い越《こ》すと、大急ぎで村外れの池の中へボチャ——ンと飛び込んだところへ、お侍がやってきました。

侍「峠《とうげ》を越える前に、この池の畔《ほとり》で煙草《たばこ》を一服《いっぷく》」

お侍はキセルに煙草をつめて、火を付《つ》けて美味《おい》しそうに一服喫《す》って、火の付いた煙草を池の中へポォ――――ンと落とすと、急に池がバシャバシャバシャ！

侍「一体、どうしたのじゃ？」

池の中をのぞくと、大勢《おおぜい》の男達がお侍に向かって何かを言っています。

庄「火の用心、火の用心！」

侍「そこに居《い》るのは、お庄屋と村人ではないか？　何をしておる？」

庄「身体《からだ》が火で燃えてしまわんように、水につかっておりますのじゃ」

○「ご隠居《いんきょ》さん。お嫁《よめ》さんをお世話《せわ》してくださるって、本当ですか?」

隠「そこへお座《すわ》り。その人の年は十九で、なかなかの美人。大きなお家のお嬢《じょう》さんで、お前もそのお家に住んでもいいそうだ」

○「ありがたいね。じゃあ、すぐにお嫁さんにして、そのお家に住みましょう」

隠「それはいいが、一つだけ困ったことがあるんだ」

○「わかりました、おしゃべりでしょう。それは大丈夫。私もおしゃべりなんだから」

隠「そうじゃないんだ。実は」

○「わかりました、大食《おおぐ》いなんでしょう。それも大丈夫。私も大食いなんだから」
隠「そうじゃないよ。実は」
○「わかりました、居眠《いねむ》りをするんでしょう。それも大丈夫。私も居眠りをしますから」
隠「違うよ。実は」
○「わかりました！」
隠「少しもわかってないよ……。昼間は何ともないんだが、真夜中になると」
○「わかりました！　オネショでしょう。それも大丈夫。私もオネショをしますから」
隠「バカ野郎《やろう》！　実は、真夜中になるとお嬢さんの首が、ニュ――ッと伸びるんだ」
○「そうですか……。ええッ！　首が伸びるって？　つまり、ロコ、ロコ、ロ

コ！」

隠「舌も廻《まわ》らないのか。お嬢さんは『ろくろ首』なんだが、お嫁さんにするかい？」

○「イヤですよ！　お嬢さんと一緒《いっしょ》にお布団《ふとん》に寝て、夜中に目を覚ますと首が向こうにあるなんて、話がしにくいじゃありませんか」

隠「イヤだと言うのなら仕方がないな。じゃあ、断《ことわ》ろうか？」

○「待ってくださいな。その話を断ったら、大きなお家に住めなくなりますね」

隠「やっぱりお嫁にするかい？」

○「でも、首が伸びるのが怖《こわ》いですよ」

隠「じゃあ、止《や》めな」

○「何だか惜しいなァ。やっぱり、お嫁さんにします！　決めました！」

隠「それがいいよ。今からそのお家に行くけど、ベラベラしゃべるんじゃない

よ。お嬢さんが何を仰《おっしゃ》っても、『なかなか』『どうも、どうも』『そうですね』と言っておきなさい」

○「でも、どこでどれを言っていいのか、わかりませんよ」

隠「足の指に紐《ひも》を結びなさい。私が親指に結んである紐を引っ張れば『なかなか』、中指なら『どうも、どうも』、小指が『そうですね』ということにしておこう」

○「それなら大丈夫だ。じゃあ、お願いしますよ」

二人がお嬢さんのお家へやってくると、立派なお座敷《ざしき》に通されて、お嬢さんがお茶を出してくれました。

○「ご隠居さん。私のお嫁さんって、この人ですか？　この首が伸びるの？」

隠「バカ野郎！　お嬢さんが真っ赤な顔をなさったぞ。早くお茶をいただきなさい」

○「キチンと座ってると、足が痛いですね」

足をムズムズさせているところへ猫が入ってきましたが、足の指に結んである紐《ひも》がピョコピョコと動くのが面白《おもしろ》いので、紐をくわえて引っ張り出しました。

○「なかなかッ！」

隠「ビックリするじゃないか。まだ紐を引いてないよ」

○「そうですね！」

隠「わかってるのか？」

○「なかなか、そうですね、どうも、どうも。なかなか、そうですね、どうも、どうも。なかなか、そうですね、どうも、どうも！」

隠「よく見なさい、猫じゃないか。私はもう帰るから、お前はここで泊まるんだよ」

真夜中になると、お嬢さんの首がズゥ――ッと伸びましたから、ビックリ！

○「ご隠居さん、開けてくださァ――い！　お嬢さんの首が伸びましたァ――ッ！」

隠「大声を出すんじゃない。『首が伸びる』と言ってるじゃないか。早くお帰り」

○「帰れませんよ。お嬢さんはプンプン怒ってますよ」

隠「大丈夫だ。お前が帰ってくるのを、今か今かと待ってるよ」

○「本当ですか？」

隠「あァ、首を長ァ――くして待ってるさ」

解説「東京言葉・関西言葉」語り比べ

『延陽伯』（東京落語の演題では『たらちね』『たらちめ』）と『手水廻し』を、〝東京言葉〟と〝関西言葉〟で表現してみました。

どちらのネタも読めば五分程度ですから、どれだけ落語の味わいを感じ取っていただけるかは多少の不安が残りますが、それなりに〝肝心なエッセンス〟は入れ込んだつもりです。

今までも関東以北の方から「関西言葉はどのように読んでいいのか、迷ってしまう」という意見を数多くいただきましたが、ご自身の〝関西言葉〟で読んでいただければ、今までは気の付かなかった世界が広がるように思います。

また、「どちらの言葉も読みにくい」と思われた方は、自分の生まれ育った町の言葉に直して、〝自分の身体に馴染んだ言葉やアクセント〟で読んでみてください。

落語は「関東や関西の言葉で語らなければ、面白さが伝わらない」ような芸ではないと思うだけに、自分が読んで一番快適で、物語の面白さが伝わるような言葉やアク

セントを使うのが一番でしょう。言葉やアクセントに縛られず、〃落語の世界〃を第一に考えて読んでいただければ幸せです。

私は小学四年生頃から、落語の本で数多くの落語を知ることが出来ましたが、私が生まれて育った三重県松阪市の書店で売られていた落語の本は、関東や関西の言葉で書かれたものばかりでした。

しかし、私はそれらの落語を自分勝手に〃松阪弁〃に直して、友だちに聞いてもらって喜んでいましたし、私の落語を聞いてくれた友だちも、私の〃松阪弁落語〃を「面白い！　もっと聞かせて」と言ってくれたものです。

このような経験から考えても、自分身に付いた言葉やアクセントで語る方が、物語の面白さを伝える〃説得力〃に繋がるようにも思えるだけに、この本の言葉は〃ほんの一例〃と捉え、あなたの町の、あなた自身の言葉やアクセントに直して、口に出して読んでみては如何でしょう？

この本で纏めた落語は、あくまでも〃デッサン〃に過ぎず、読者の方が自由な〃色塗り〃を楽しんでいただくのが一番なのです！

梅「ご隠居《いんきょ》さん。何かご用ですか？」
隠「梅《うめ》さんか、こっちへお入り。実は、お前にお嫁《よめ》さんの世話《せわ》しようと思ってね。年は十九で、色が白くて、鼻が高い。とても美人なんだ」
梅「わァ、嬉《うれ》しいな」
隠「ところが、お公家《くげ》のお屋敷《やしき》に勤《つと》めていたから、人と話す時に難《むずか》しい言葉を使うようになったんだ。昨日の朝、表でバッタリ会ったら、『今朝《こんちょう》は怒風《どふう》激《はげ》しく、小砂 眼入《しょうしゃがんにゅう》す』と仰《おっしゃ》ったぞ」
梅「それは日本の言葉ですか？」

隠「難しいだろう? 『今朝は風がきつくて、小さな砂《すな》が目に入って困《こま》った』と仰ったんだ」

梅「サッパリわからないですね。ご隠居さんはご返事をしましたか?」

隠「とりあえず、『かんや、わんちゃです』と言っておいた」

梅「ご隠居さんのご返事もわかりませんね。どういう意味なんですか?」

隠「薬罐《やかん》と茶碗《ちゃわん》を引っ繰《く》り返して言ったんだよ」

梅「変な返事をしましたね。私なら『はんご、ちゃおです』と言いますけど」

隠「何だ、それは？」
梅「ご飯とお茶を引っ繰り返したんです」
隠「それなら私と同じだよ。言葉の難しい娘だが、お嫁さんにするかい？」
梅「大丈夫ですよ。この長屋《ながや》に住めば、難しい言葉なんてすぐにガチャガチャした言葉になりますから」
隠「そうかい。じゃあ、夕方に連れてくるから、家の中を掃除《そうじ》しておくんだよ」
梅「わかりました。ちゃんとお風呂《ふろ》にも行ってきますから」

夕方、ご隠居さんが言葉の難しい娘を連れ

てやってきました。

隠「さァ、お嫁さんだよ。後は二人で仲良《なかよ》くしなよ。私は帰るから」

梅「ありがとうございました……。何だか恥《は》ずかしいね。あッ、お嫁さんの名前を聞くのを忘《わす》れたぞ……。あのォ、あなたの名前は何なの?」

女「何、わらわの姓名《せいめい》なるや」

梅「へェ――ッ！『藁屋《わらや》の清兵衛《せいべえ》さん』という名前なの?」

女「いえ……。わらわの姓名なるや、我《わ》が母三十三才の時にわらわを孕《はら》み、たらちねの胎内《たいない》を出《い》でし時は『鶴女《つるじょ》、鶴女』と申せしが、これは幼名《ようみょう》。成長《せいちょう》の後にこれを改《あらた》め、延陽伯《えんようはく》と申《もう》すなりィ――ッ」

梅「それがあなたの名前なの? 誰がこんなに長い名前を付けたんだ。でも、お嫁さんの名前だから覚えるよ。この紙に書いてくれるかい……。わッ、たくさん書いたね。じゃあ、読んでみようか……。わらわの姓名なるや、我が母三十三才の時にわらわを孕《はら》み、（お経《きょう》のような読み方になる）たらちねの体内をい出し時は『鶴女、鶴女』と申せしが、これは幼名。成長の後にこれを改め、延陽伯と申すなりィ――ッ……。チィ――ン、南無《なむ》阿弥陀仏《あみだぶつ》……。お経になっちゃった。少しずつ覚えるから、今日はもう寝ようよ」

次の朝、お嫁さんがご飯を炊《た》こうと思いましたが、お米のある所がわかりません。

女「あァら、我《わ》が君《きみ》！　あァら、我が君！」
梅「あァ、ビックリした。『我が君』って、オレのことかい？」
女「白米《しらげ》の在《あ》り処《か》は、いずくなりや」
梅「オレはまだ若いから、白髪《しらが》は無いよ」

女「いいえ。わらわの言うは〝米《よね》〟のこと」
梅「米さんを、知ってるのかい？　あいつは子どもの頃《ころ》からの友達だよ」
女「それは人の名の米なり。わらわの申《もう》すは〝米《こめ》〟のこと」
梅「それを早く言いなよ。そこの箱にお米が入ってるから、早くご飯を炊いてよ。グズグズしてるから、お昼になっちゃうじゃないか」
隠「どうだ、仲良くやってるかい？」
梅「あァ、ご隠居さん。お嫁さんが難しいことばかりを言うから、朝から困《こま》ってるんですよ」
隠「実は、この娘のお母さんがご挨拶《あいさつ》に来られたんだ。さァ、お母さん。お婿《むこ》さんにご挨拶をしてくださいな」
母「わらわの娘、こちらへ嫁《とつ》ぎ」
梅「待った、待った！　お母さんのご挨拶は、もういいですよ。それを聞いてると、今日の朝ご飯が明後日《あさって》の夜になってしまいますから」

喜「甚兵衛《じんべえ》はん。何かご用でっか？」
甚「喜《き》ィさんか、こっちへ入りなはれ。実は、お前はんに嫁《よめ》さんの世話《せわ》しょうと思うてな。年は十九で、色が白うて、鼻が高い。ほんまの美人や」
喜「わァ、結構《けっこう》でんな」
甚「ところが、お公家《くげ》のお屋敷《やしき》に勤《つと》めてたさかい、人と話をする時に難《むずか》しい言葉を使いはるのや。今朝《けさ》、表でバッタリ会《お》うた時、『今朝《こんちょう》は怒風《どふう》激《はげ》しく、小砂眼入《しょうしゃがんにゅう》す』と仰《おっしゃ》ったで」
喜「それは日本の言葉でっか？」

甚「難しいやろ？『今朝は風がきつうて、小さい砂が目に入って困った』と仰ったんや」

喜「サッパリわかりまへんわ。甚兵衛はんは返事をしたんでっか？」

甚「とりあえず、『かんや、わんちゃですな』と言うといた」

喜「甚兵衛はんの返事もわかりませんわ。どういう意味でっか？」

甚「薬罐《やかん》と茶碗《ちゃわん》を引っ繰《く》り返して言うといたんや」

喜「けったいな返事をしましたな。わたいなら『はんご、ちゃおです』と言いまっせ」

甚「何や、それは？」

喜「ご飯とお茶を引っ繰り返しましたんや」

甚「わしと変わらへんがな。言葉の難しい娘さんやけど、お嫁さんにする気はあるか？」

喜「大丈夫ですわ。この長屋《ながや》に住んだら、難しい言葉はすぐにガチャガチャした言葉になりまっせ」
甚「そうか。ほな、夕方に連れてくるさかい、家の中を掃除《そうじ》しときなはれや」
喜「わかりました。お風呂《ふろ》へも行っときますわ」

日が暮れると、甚兵衛はんが言葉の難しい娘を連れてやってきました。

甚「さァ、この人がお嫁さんじゃ。後は二人で仲良《なかよ》うしなはれ。わしは帰るさかい」
喜「おおきに……。何や、恥《は》ずかしいわ。あッ、娘さんの名前を聞くのを忘れてたがな……。あのォ、あんたの名前は何でんねん?」
女「何、わらわの姓名《せいめい》なるや」
喜「ヘェ――ッ! 『藁屋《わらや》の清兵衛《せいべえ》さん』という名前でっか?」
女「いえ……。わらわの姓名なるや、我《わ》が母三十三才の時にわらわを孕《はら》み、たらちねの胎内を出《い》でし時は『鶴女《つるじょ》、鶴女』と申《もう》せしが、これは幼名《ようみょう》。成長の後にこれを改め、延陽伯《えんようはく》と申すなりィ——ッ」

喜「それがあんたの名前でっか？　誰《だれ》がこんな長い名前を付けたんや。けど、お嫁さんの名前くらいは覚えますわ。この紙に書いてもらえまへんか……。わッ、仰山《ぎょうさん》書いたな。ほな、読んでみよか……。わらわの姓名なるや、我が母三十三才の時にわらわを孕み、（お経《きょう》のような読み方になる）たらちねの胎内を出し時は『鶴女、鶴女』と申せしが、これは幼名。成長の後にこれを改め、延陽伯と申すなりィ——ッ……。チィ——ン、南無阿弥陀仏《なむあみだぶつ》……。お経になってしもたがな。一寸《ちょっと》ずつ覚えますよって、今日はもう寝まひょか？」

次の朝、お嫁さんがご飯を炊《た》こうと思いましたが、お米のある所がわかりません。

女「あァら、我《わ》が君《きみ》！　あァら、我が君！」

喜「あァ、ビックリした。『我が君』とは、わしのことかいな？」

女「白米《しらげ》の在《あ》り処《か》は、いずくなりや」

喜「わしはまだ若いさかい、白髪《しらが》はおまへんわ」

女「いいえ。わらわの言うは〝米《よね》〟のこと」

喜「米やんを、知ってんのかいな？　子どもの頃からの友達やねん」

女「それは人の名の米なり。わらわの申すは〃米《こめ》〃のこと」
喜「それを早う言いなはれ。そこの箱にお米が入ってるさかい、早うご飯を炊いてんか。グズグズしてるさかい、お昼になってしまうがな」
甚「どうや、仲良《なかよ》うやってるか?」
喜「あァ、甚兵衛はん。嫁はんが難しいことばっかり言うさかい、朝から困ってますねん」
甚「実は、この娘のお母はんがご挨拶《あいさつ》に来はったんや。さァ、お母はん。お婿《むこ》さんにご挨拶をしておくれ」
母「わらわの娘、こちらへ嫁《とつ》ぎ」
気「待った、待った！　お母さんのご挨拶は、もうよろしいわ」
甚「何でやねん?」
喜「その挨拶を聞いてたら、今日の朝ご飯が明後日《あさって》の夜になってしまいますがな」

東京言葉

昔、顔を洗うことを『手水《ちょうず》を使う』と言った町があったそうですが、『手水を使う』と言っても、わからない所もあったようで……。

○「この宿屋《やどや》は、山の景色《けしき》が美しいね。あァ、番頭《ばんとう》さん。ここで手水を使いたいから、手水を廻《まわ》してくれますか?」

番「あァ、そうですか。ご主人《しゅじん》に言って参ります……。ご主人、お客さんが『ちょうずを廻してほしい』って言ってますけど、何のことですか?」

主「『ちょうず』?　お寺の和尚《おしょう》さんは何でも知ってるから、大急ぎで聞いてきなさい」

番「わかりました……。和尚さん、こんにちは」

和「何かご用かな?」

番「『ちょうずを廻す』って何ですか? 教えてくださいな」

和「『ちょうず』とな? あァ、わかったぞ。長いという字は『ちょう』と読むし、頭は『ず』と読むから、『ちょうずを廻す』とは、長い頭を廻すことだな」

番「ありがとうございました……。ご主人、わかりましたよ。『ちょうずを廻す』というのは、長い頭を廻すことだそうです」

主「長い頭で『ちょうず』か。しかし、長い頭の人って、どこに居《い》るんだ?」

番「隣《とな》り村の市兵衛《いちべえ》を連れてきましょう。隣り村で評判《ひょうばん》の長い頭の男ですから」

主「お客さんはその人の噂《うわさ》を聞いて、頭を廻すところを見たいんだな。じゃあ、

ここへ市兵衛さんにきてもらいなさい」

市「ご主人様、頭を廻しにきました」

主「うわッ、長い頭だね。すぐにお客さんの前で、頭を廻しておくれ」

市「それでは行って参《まい》ります……。お客さま、長頭《ちょうず》を廻しにきましたぞ」

○「うわッ、長い頭の人が入ってきたな。さァ、手水を廻しておくれ」

市「それでは廻しますぞ（頭をグルグル廻す）。これくらいで、どうですか

な？」

○「何をしているんだ。そんなことをしていないで、早く廻しておくれ」

市「もっと早く廻しますか。（頭をグルグル廻す）わァ――ッ！」

○「目を廻して倒《たお》れたよ。何だ、この宿屋は。バカバカしいから帰るよ！」

旦「番頭さん、お客さんが怒《おこ》って帰ってしまったよ。どうやら、『ちょうず』

は長い頭じゃないようだな。これからも他の町のお客さんが泊《と》まるだろうから、二人で大きな町へ行って『ちょうず』を確《たし》かめてみようか?」
番「そうしましょう」

宿屋の主人と番頭が大きな町へやってくると、ある宿屋に泊まって朝を迎《むか》えました。

主「番頭さん、『ちょうず』を頼《たの》もうか……。お姐《ねえ》さん、ここへ『ちょうず』を廻してくれますかな?」
女「すぐにお廻しします」
主「番頭さん、すぐに廻すそうじゃ。何が出てくるか、楽しみだぞ」
女「お客様、ここへ置かせていただきます」

主「ご苦労様《くろうさま》……。番頭さん、これが『ちょうず』らしい。小さな金の盥《たらい》にお湯が入れてあって、横に赤い粉と塩、先に房《ふさ》の付いた棒《ぼう》が置いてあるぞ」
番「長い頭とは、えらい違いですね」
主「お寺の和尚はバカなことを教えたものだ。しかし、これをどうするのかな?」
番「これは飲み物ですね。お湯の中に赤い薬味《やくみ》と塩を入れて飲むんですよ」
主「先に房の付いた棒は、何に使うのかな?」
番「これでグルグル掻《か》き混《ま》ぜるんですよ」
主「なるほど……。しかし、大きな町の人は、毎朝、こんな物を飲むのかな?」
番「とにかく、『ちょうず』を作ってみましょう。薬味と塩をお湯に入れて、この棒でグルグルと掻き混ぜて……。さァ、出来ました。どうぞ、お召し上がりを」

主「みんな飲めるかな……。（お湯を飲む）」

番「どんな味ですか？」

主「ゲフッ。何だかわからない味だ。もう飲めないから、番頭さんが飲んでおくれ」

番「それでは、いただきましょう。（お湯を飲む）うわッ、変な味ですね」

主「おい、さっきの姐さんが入ってきたぞ」

女「お客さん。もう一つ、ここへ置きますから」

主「また、持ってきたよ。さっきのが私の分で、これが番頭さんの分だな。どうぞ、おあがり」

番「もう飲めませんよ。お腹がチャプンチャプンと音を立ててますから」

主「仕方《しかた》がないね……。あのォ、お姐さん。もう一つはお昼にいただきましょう」

昔、大阪《おおさか》では顔を洗うことを『手水《ちょうず》を使う』と申しましたが、大阪を離《はな》れた町で『手水を使う』と言うても、サッパリわからなんだそうで……。

○「この宿屋《やどや》は、山の景色《けしき》が美しいな。あァ、番頭《ばんとう》はん。ここで手水を使いたいよって、ここへ手水を廻《まわ》してくれますかな」

番「はァ？　旦那《だんな》に言うて参《まい》ります……。旦さん、大阪のお客さんが『ちょうずを廻してほしい』と言うてはりますけど、何のことで？」

主「『ちょうず』？　お寺の和尚《おしょう》さんは何でも知ってはるさかい、大急ぎで聞いてきなはれ」

番「わかりました……。和尚さん、こんにちは」

和「何かご用かな?」

番「『ちょうずを廻す』というのは、どういうことで?」

和「『ちょうず』? わかったぞ。長いという字は『ちょう』と読むし、頭は『ず』と読むさかい、『ちょうずを廻す』というのは、長い頭を廻すことじゃな」

番「おおきに……。旦さん、わかりました。『ちょうずを廻す』というのは、長い頭を廻すことやそうでっせ」

主「長い頭で『ちょうず』か。しかし、長い頭の人は、どこにも居《い》てないがな」

番「隣《とな》り村の市兵衛《いちべえ》を連れてきまひょか? 隣り村で評判《ひょうばん》の長い頭でっせ」

主「お客さんは市兵衛さんの噂《うわさ》を聞いて、頭を廻すところを見たいんやな。ほな、ここへ市兵衛さんに来てもらいなはれ」

市「旦那様、頭を廻しに参りましたが」
主「うわッ、長い頭やな。ほな、すぐにお客さんの前で、頭を廻しとおくれ」
市「それでは行って参ります……。お客さま、長頭を廻しに来ましたで」
○「うわッ、長い頭の人が入ってきたな。さァ、手水を廻しとおくれ」
市「それでは廻しますで。（頭をグルグル廻す）
こんなもんで、どうですかな？」
○「何をしてなはんねん。そんなことをして
んと、早《はよ》う廻しとおくれ」
市「もっと早う廻しますかえ？　（頭をグル
グル廻す）　わァ――ッ！」
○「目を廻して倒《たお》れたがな。何や、この宿屋
は。アホらしいよって、もう帰るわ！」
旦「番頭どん、大阪のお客さんが怒《おこ》って帰っ

てしまいはったで。どうやら、『ちょうず』は長い頭やないようやな。これからも大阪のお客さんが泊《と》まらはるかも知れんよって、二人で大阪へ行って『ちょうず』を確かめてみよか?」

番「よろしゅうございます」

宿屋の主人と番頭が大阪へやって参りますと、ある宿屋に泊まって朝を迎《むか》えました。

主「番頭どん、『ちょうず』を頼《たの》もか……。お姐《ねえ》さん、ここへ『ちょうず』を廻してもらえませんかいな?」

女「はい、すぐにお廻し致《いた》しますので」

主「番頭どん、すぐに廻してくれるそうじゃ。何が出てくるか、楽しみじゃな」

女「お客様、ここへ置かせていただきます」

主「ご苦労さん……。番頭どん、これが『ちょうず』らしいで。小さな金の盥《たらい》にお湯が入れてあって、横に赤い粉と塩、先に房《ふさ》の付いた棒《ぼう》が置いてあるわ」
番「長い頭と、えらい違いでんな」
主「お寺の和尚はアホなことを教えたもんじゃ。しかし、これをどうするんじゃろ？」
番「これは飲み物でっせ。お湯の中に赤い薬味《やくみ》と塩を入れて飲むんですわ」
主「先に房の付いた棒は、何に使うねん？」
番「これでグルグル掻《か》き混《ま》ぜて」
主「なるほど……。大阪の人は、毎朝、こんな物を飲むのかいな」
番「とにかく、『ちょうず』を作ってみまひょ。薬味と塩をお湯に入れて、こ

の棒でグルグル掻き混ぜて……。さァ、出来ましたで。どうぞ、お召《め》し
上がりを」
主「みんな飲めるかいな？（お湯を飲む）」
番「どんな味で？」
主「ゲフッ。何や、わからん味じゃ。もう飲めんさかい、番頭どんが飲んでお
くれ」
番「それでは、いただきまひょ。（お湯を飲む）うわッ、変な味でんな」
主「番頭どん、さっきの姐さんが入ってきたで」
女「お客さん。もう一つ、ここへ置きますよって」
主「また、持ってきたで。さっきのが私の分で、これが番頭どんの分じゃ。ど
うぞ、おあがり」
番「もう飲めまへんわ。お腹がチャプンチャプンと音を立ててますよって」
主「仕方《しかた》がないな……。あのォ、お姐さん。後の一つはお昼にいただきますわ」

著者 桂　文我（かつら ぶんが）

1960年三重県生まれ。二代目桂枝雀に入門。95年四代目桂文我を襲名する。全国各地で「桂文我独演会」「おやこ寄席」を開催し、年間300回ほどの高座を勤める。今までに芸術選奨文部大臣新人賞、大阪市咲くやこの花賞、国立演芸場花形演芸大賞などを受賞。著書は『ごくらくらくご・2巻』『レッツ　らっく　ごー！・2巻』（小学館）、『きみにもなれる落語の達人・5巻』『ようこそ！　おやこ寄席へ』（岩崎書店）、『りゅうぐうじょうでさがしもの』『とくべえとおへそ』『紙芝居おおわらい落語劇場・5巻』（童心社）、『ちゃっくりがきぃふ』『えんぎかつぎのだんなさん』（福音館書店）、『メッケもん！　掘り出し珍品図鑑』（ポプラ社）、『落語『通』入門』（集英社）、『復活珍品上方落語選集・3巻』（燃焼社）など多数。ＣＤやテープは『桂文我上方落語選・3巻』（東芝ＥＭＩ）、『おやこ寄席ライブ・10巻』『桂文我・7巻』（ＡＰＰカンパニー）、『上方寄席囃子大全集』『桂文我上方落語選・2巻』（燃焼社）などを発売。

イラスト 中沢正人（なかざわ まさと）
1950年長野県生まれ。イラストレーター。共著に『落語と江戸風俗』（教育出版）、児童書に『1分で読める江戸の笑い話』（学研）、絵本に『おぶさりてえ』（世界文化社）、『にゃんきちいっかのだいぼうけん』（メイト）などがある。

編集▲内田直子
ブックデザイン▲渡辺美知子デザイン室

楽しく演じる落語　教室でちょいと一席

2007年3月12日　第１刷発行

著　者●桂 文我©
発行人●新沼光太郎
発行所●株式会社いかだ社
〒102-0072 東京都千代田区飯田橋2-4-10 加島ビル
Tel. 03-3234-5365　Fax. 03-3234-5308
振替・00130-2-572993
印刷・製本　株式会社ミツワ

乱丁・落丁の場合はお取り換えいたします。
ISBN978-4-87051-205-4